Ik leer Zeedieren

Interessante feiten

voor kinderen van 9 tot 12 jaar

Chelsea Blanton

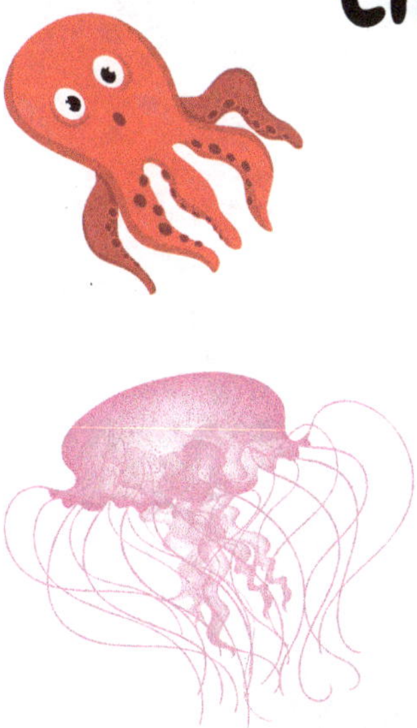

Dit boek met leuke weetjes
behoort tot:

Dolfijn

Wetenschappelijke naam : Delphinidae

Dolfijn

Dolfijnen zijn zeer vriendelijke zoogdieren en dieren.
Hun gemiddelde levensverwachting is 17 jaar, maar sommigen kunnen wel 50 jaar worden.
Er zijn ongeveer 40 verschillende soorten dolfijnen in de wereld.
Zij zijn ook de intelligentste zoogdieren op aarde en komen op de tweede plaats na de mens.

Haai

Wetenschappelijke naam : Selachimorpha

Haai

Haaien zijn vissen waarvan wordt aangenomen dat ze al 455 miljoen jaar op onze planeet leven. Het zijn de felste roofdieren van de zee en ze hebben een buitengewoon gezichtsvermogen. Ze hebben geen botten. Niet alle haaien hebben dezelfde soort tanden. Het ontwerp van elke walvishaai is uniek, zoals menselijke vingerafdrukken.

Zeester

Wetenschappelijke naam : Asteroidea

Zeester

Zeesterren zijn ongewervelde dieren, wat betekent dat ze geen ruggengraat hebben. Ze hebben kleine buisvormige poten waarop ze zich voortbewegen. Ze zijn verwant aan zee-egels en zeekomkommers. Men schat dat ze tot 35 jaar kunnen leven en geen hersenen of bloed hebben. Ze leven alleen in de oceanen en zeeën. Ze overleven niet in zoet water.

Zeepaardje

Wetenschappelijke naam : Hippocampus

Zeepaardje

Zeepaardjes zijn een vissoort die verwant is aan de zeepaardjes. Er zijn meer dan 40 verschillende soorten zeepaardjes. Zij zwemmen meestal in paren en wanneer zij gevaar bespeuren, kunnen zij zich verbergen door de kleuren van de zeeplanten om hen heen na te bootsen. Hun dieet bestaat uit plankton en kleine visjes. Ze hebben geen tanden of maag.

Walvis

Wetenschappelijke naam : Cetacea

Walvis

Walvissen zijn waterzoogdieren die zich uitsluitend met vlees voeden.
De blauwe vinvis is het grootste dier op aarde, met afmetingen tot 27 meter en een gewicht dat overeenkomt met dat van 24 olifanten. Zij zijn een van de langstlevende dieren en kunnen wel 100 jaar oud worden. Ze jagen graag op scholen vis.

Octopus

Wetenschappelijke naam : Octopoda

Octopus

Octopussen zijn ongewervelde zeedieren, verwant aan inktvissen en zeekatten.
Zij zijn een zeer oude soort die op deze planeet leefde tot de CARBONIFER periode, ongeveer 296 miljoen jaar geleden.
Octopussen hebben drie harten en hun bloed is blauw omdat het een koperhoudend element bevat.

Tonijn

Wetenschappelijke naam :

Thunnini

Tonijn

Tonijn is een zoutwatervis en is zeer groot, hij kan tot 6 meter lang worden en meer dan 200 kg wegen. Ze kunnen zeer snel zwemmen, tot 65 km per uur. De tonijn wordt momenteel beschouwd als een bedreigde diersoort, aangezien zijn populatie in de afgelopen eeuw met 90% is afgenomen als gevolg van overbevissing.

Pijlstaartroggen

Wetenschappelijke naam :

Myliobatoideii

Pijlstaartroggen

Pijlstaartroggen zijn kraakbeenvissen die verwant zijn aan haaien. Ze hebben geen stekels en zijn er al sinds Jurassic Park. Ze kunnen tot 1,2 meter lang worden en meer dan 150 kilo wegen.
Pijlstaartroggen kunnen zich heel goed verstoppen en brengen het grootste deel van hun tijd door in het zand. Ze zijn gewoonlijk niet agressief, tenzij ze zich bedreigd voelen.

Aal

Wetenschappelijke naam : Anguilliformes

Aal

Aal zijn vissen en kunnen zowel in zout als in zoet water leven. De meeste alen verbergen zich in grotten en spleten. Hoewel ze in sommige culturen als een delicatesse worden beschouwd, is hun bloed giftig en mogen ze alleen door specialisten worden gekookt. Alen hebben speciale organen aan de zijkanten van hun lichaam die elektrische ladingen kunnen opwekken.

Zeeduivel

Wetenschappelijke naam : Lophiiformes

Zeeduivel

Zeeduivel is een vleesetende vissoort die in de diepzee leeft, waar geen zonlicht is. Ze worden tot 20 cm lang en wegen ongeveer 2 kg. De vrouwtjes van deze soort zijn BILOMINESCENT en kunnen licht produceren. Ze leven in eenzaamheid en worden verondersteld blind te zijn. Ze voeden zich voornamelijk met kleine visjes en garnalen.

Schildpad

Wetenschappelijke naam : Testudines

Schildpad

Schildpadden zijn, net als slangen, hagedissen en krokodillen, reptielen. Ze leven over de hele wereld en kunnen zich aan alle klimatologische omstandigheden aanpassen. Zij behoren tot de oudste soorten op aarde en kunnen tot 150 jaar oud worden. Sommige soorten schildpadden wegen meer dan duizend pond en kunnen wel 2 meter lang worden.

Zeeotter

Wetenschappelijke naam :
Enhydra lutris

Zeeotter

Zeeotters zijn harige zoogdieren met een breed gezicht die tussen de 100 en 200 pond kunnen wegen. Ongeveer 90% van hun bevolking leeft voor de kust van Alaska. Momenteel zijn zeeotters beschermde dieren omdat ze door jagers bijna zijn verdwenen. Hun dieet bestaat hoofdzakelijk uit krabben, kokkels en mosselen. Ze hebben de dikste vacht van alle dieren.

Zwaardvis

Wetenschappelijke naam :

Xiphias gladius

Zwaardvis

De zwaardvis is een grote zeevis die gemakkelijk te herkennen is aan zijn lange, platte, zwaardvormige bek. Ze worden tot 4 meter lang en wegen ongeveer 450 kilo. Het zijn vleesetende eters en vallen grote vissen aan met hun scherpe snavels. Het zijn zeer snelle zwemmers en ze voeden zich meestal 's nachts.

Makreel

Wetenschappelijke naam :

Scomber scombrus

Makreel

Makreel is een zeevis die leeft in de Atlantische Oceaan en de Stille Oceaan. Het zijn kleine vissen die 30-55 cm lang worden en tussen 1 en 4 kilo wegen. Het zijn carnivoren en hun dieet bestaat uit kleine visjes, garnalen en inktvisjes. Ze zijn zeer snel en zwemmen in grote scholen die tot 35 km groot kunnen zijn.

Clownvis

Wetenschappelijke naam : Amphiprioninae

Clownvis

De clownvis is een warmwatervis die leeft in de Stille en Indische Oceaan. Ze zwemmen in groepen en zijn omnivoor. Ze voeden zich met plankton, kleine kreeftachtigen en weekdieren. Het zijn geen goede zwemmers, dus verbergen ze zich meestal in koralen. Ze hebben een speciale manier om met elkaar te communiceren door te klikken.

Kogelvis

Wetenschappelijke naam : Diodon holocanthus

Kogelvis

De kogelvis is een nachtroofdier dat tot 230 cm groot kan worden. Het heeft een heel speciaal verdedigingssysteem. Als ze bedreigd worden, bewapenen ze zich en vullen hun maag met lucht. Ze hebben grote ogen waarmee ze hun prooi in het donker kunnen zoeken. Ze houden niet van diep water en hun dieet bestaat uit slakken, zee-egels en weekdieren.

Lionfish

Wetenschappelijke naam : Pterois

Lionfish

Lionfish zijn giftige vissen die in de Stille Oceaan leven. Het zijn roofdieren die op kleine vissen jagen, maar hun gif kan dodelijk zijn voor grotere dieren. Ze leven meestal in groepen van twee: een mannetje en een vrouwtje. Ze zwemmen graag in de buurt van koraalriffen waar veel kleine visjes te eten zijn. Het zijn zeer populaire aquariumvissen.

Zee-egel

Wetenschappelijke naam: Echinoidea

Zee-egel

Zee-egels zijn stekelige ongewervelde zeedieren die alleen in de oceaan leven; zij kunnen niet in zoet water overleven. Sommige soorten zijn giftig en worden meestal tussen 0,99 en 2,5 cm lang. Het zijn omnivoren die zich hoofdzakelijk voeden met algen en verteerd materiaal van vissen en schaaldieren.

Krab

Wetenschappelijke naam : Brachyura

Krab

Krabben zijn geleedpotigen, net als andere dieren: kreeften en garnalen. Er zijn wereldwijd meer dan 6.700 soorten en ze variëren in lengte van 1 tot 3 meter.

Ze kunnen in alle richtingen lopen, maar ze lopen en rennen voornamelijk zijwaarts. Hun gemiddelde levensverwachting is 4 tot 5 jaar, maar grotere soorten, zoals de Japanse reuzenspinkrab, kunnen wel 100 jaar oud worden.

Kwallen

Wetenschappelijke naam : Scyphozoa

Kwallen

Kwallen zijn ongewervelde dieren die in de zee leven en in alle oceanen voorkomen. Sommige soorten leven ook in zoet water. Ze hebben geen hersenen, hart, botten of ogen en hun voornaamste voedsel is plankton. Het zijn zeer oude soorten en sommige ervan zijn bioluminescent, wat betekent dat ze hun eigen licht kunnen produceren.

Venusschelpen

Wetenschappelijke naam :
Mercenaria mercenaria

Venusschelpen

Venusschelpen behoren tot een groep ongewervelde dieren die weekdieren worden genoemd. Ze hebben een beschermend schild en leven meestal onder water of begraven in zand of modder. Ze voeden zich hoofdzakelijk met plankton en sommige kunnen zelfs in zoet water leven. Ze zijn verkrijgbaar in vele maten en kleuren. Schelpdieren bewegen zich voort met een graafpoot, die ze gebruiken om in het zand te graven.

CPSIA information can be obtained
at www.ICGtesting.com
Printed in the USA
BVHW061700100621
609270BV00011B/1440

9 784191 538245